Zumpango

Xaltocan

Cuautitlán

Ecatepec

Azcapotzalco

Tlacopan

Tlatelolco

Tenochtitlan

Chapultepec

Coyoacán

Culhuacán

Cuitlahuac

Xochimilco

Chimalpan

Teotihuacan

Tepexpan

Acolman

Tezcoco

Chalco

El rey poeta Biografía de Nezahualcóyotl

D.R. © CIDCLI, SC
Av. México 145–601, Col. del Carmen
Coyoacán, C.P. 04100, México, D.F.
www.cidcli.com.mx

D.R. © Luis Barbeytia

Ilustraciones: Pablo Serrano
Coordinación editorial: Rocío Miranda
Cuidado de la edición: Elisa Castellanos
Diseño gráfico: Rogelio Rangel

Primera edición, enero, 2006
ISBN: 968-494-182-X

La reproducción total o parcial de este libro,
en cualquier forma y por cualquier medio,
no autorizada por los editores, viola los
derechos reservados y constituye un delito.

Impreso en México / *Printed in Mexico*

El rey poeta — Biografía de Nezahualcóyotl

*Un libro que relata la vida y la obra
del célebre y sabio Señor de Acolhuacan,
la figura más notable del México antiguo.*

Texto: **Luis Barbeytia**
Ilustraciones: **Pablo Serrano**

Colección
La saltapared

Nacimiento y tribulaciones iniciales

COMPONDRÉ UNA OBRA DE ARTE

Compondré una obra de arte:
soy poeta y mi canto
perdurará en la tierra.
Por mis cantos voy a ser recordado.

Comenzaba a brillar el sol del 28 de abril de 1402, llamado en ese tiempo 1 Venado del año 1 Conejo, cuando nació en la ciudad de Tezcoco, capital del señorío de Acolhuacan, en el noreste del Valle de México, el príncipe Acolmiztli Nezahualcóyotl (nombres nahuas que significan "brazo (o fuerza) de león" y "coyote que ayuna (o hambriento)".

Era hijo de Ixtlilxóchitl el viejo, señor de Tezcoco, y de Matlacihuatzin, hija de Huitzilíhuitl y hermana de Chimalpopoca, *tlatoanis* sucesivos de México-Tenochtitlan. Los astrólogos predijeron que, de acuerdo con su signo, el venado, el niño sería sagaz, fuerte, altivo y ágil, pero tendría que estar alerta y huir para escapar de sus enemigos.

Ixtlilxóchitl

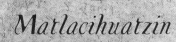

Matlacihuatzin

Acolmiztli
Nezahualcóyotl

A los seis años fue enviado a la escuela destinada a la clase gobernante, llamada *tlacateo,* y comenzó a recibir la severa educación destinada a la nobleza. Fue discípulo del sabio Huitzilihuitzin, considerado un gran filósofo, quien lo formó en el conocimiento de la cultura tolteca. Al cumplir los doce años, al lado de su padre juró como príncipe heredero del señorío de Tezcoco en una solemne ceremonia.

Tlacateo, escuela de la clase gobernante

Cuando Nezahualcóyotl tenía dieciséis años, Ixtlilxóchitl, que libraba una guerra en contra del señorío de Azcapotzalco, sufrió una emboscada y fue asesinado por un grupo de esbirros enviados por su enemigo, el caudillo tepaneca Tezozómoc. Impotente, oculto en la copa de un árbol, el príncipe contempló cómo su padre, luego de una feroz escaramuza, sucumbía bajo los golpes de sus atacantes. Al amanecer del día siguiente, ayudado por un fiel vasallo, pudo recuperar los restos de su padre e incinerar el cadáver, de acuerdo con los ritos funerarios toltecas. Era el comienzo de una larga serie de desgracias, persecuciones y peligros que duraría más de diez años.

Oculto, Nezahualcóyotl ve cómo asesinan a su padre

El príncipe fugitivo

SI YO NUNCA MURIERA

Me siento confundido,
me aflijo, pienso, digo:
¡Si yo nunca muriera,
si nunca desapareciera!

¡Que allá donde no hay muerte,
a donde es derrotada,
consiga yo llegar!

¡Si yo nunca muriera,
si nunca desapareciera!

Al enterarse Tezozómoc de la muerte de Ixtlilxóchitl, recompensó a los victimarios y se hizo proclamar monarca de Tezcoco. Decidido a borrar el recuerdo del legítimo rey asesinado y, sobre todo, la amenaza que representaba Nezahualcóyotl, emprendió una persecución sistemática en su contra. Ofreció premios y recompensas a quien lo condujera a su presencia, vivo o muerto, y amenazó con castigar a los que lo ayudaran. Varios vasallos leales al príncipe lo ocultaron y llevaron con gran sigilo a la corte de México, donde gobernaba Chimalpopoca, tercer tlatoani azteca y tío materno de Nezahualcóyotl.

El mensajero de Tezozómoc

Desplazándose continuamente de uno a otro de los señoríos vecinos, "huyendo de día y velando de noche", como dice uno de sus biógrafos, con paciencia, sagacidad y astucia Nezahualcóyotl empezó a preparar la reconquista de su reino. Un tiempo se refugió en Tlaxcala. Luego, para estar más cerca de su patria, disfrazado de soldado se trasladó a Chalco. Ahí, una mujer a la que pidió de beber, comenzó a gritar, delatándolo. Sin opciones, Nezahualcóyotl la golpeó con su maza para evitar que sus enemigos lo atraparan. Los chalcas sin embargo lograron apresarlo y lo encerraron en una jaula, condenándolo a muerte. Pero un hermano del señor chalca, llamado Quetzalmacatzin, se apiadó de él y cuando llegaron los soldados a ejecutarlo, lo ayudó a huir y, cambiando sus ropas, se quedó en su lugar en la jaula. Quetzalmacatzin fue ajusticiado. Nezahualcóyotl escapó y pudo ocultarse en Huejotzingo y finalmente de nuevo en Tlaxcala.

Nezahualcóyotl enjaulado

Mientras estaba en Tlaxcala, sus tías, las hermanas de Chimalpopoca, señor de México, obtuvieron de Tezozómoc el perdón de la vida de su sobrino, con la condición de que no saliera de los límites de la ciudad de Tenochtitlan. De este modo, pese a las amenazas que aún se cernían sobre él, durante un periodo de seis años, de 1420 a 1426, Nezahualcóyotl vivió en relativa calma en la capital de los aztecas. Ahí completó su educación y su adiestramiento militar, y seguramente compuso sus primeros poemas, mientras continuaba con los preparativos para derrocar a Tezozómoc, quien a pesar de la promesa hecha a las tías del príncipe, no cejaba en sus intentos de deshacerse de su adversario y buscaba por distintos medios acabar con él.

Una noche Tezozómoc tuvo un sueño que lo angustió. Soñó que Nezahualcóyotl, convertido en águila, le desgarraba el pecho y le comía el corazón. A la noche siguiente volvió a soñar que el príncipe de Tezcoco, transformado en jaguar, le mordía el cuerpo y le devoraba los pies. Alarmado el viejo rey de Azcapotzalco mandó llamar a sus tres hijos y les refirió los sueños. Entre los cuatro decidieron dar muerte a Nezahualcóyotl e impedir de una vez por todas que recuperara su reino. Era el año de 1427.

En marzo de ese año murió Tezozómoc. Había nombrado sucesor a su hijo Tayatzin, pero Maxtla, el mayor, mediante argucias y traiciones, consiguió ocupar el trono y deshacerse de su hermano. Hombre cruel y ambicioso, el nuevo monarca comenzó a hostigar a los reinos vecinos. Apresa a Chimalpopoca, señor de México, y lo encierra en una jaula. Desafiando el peligro, Nezahualcóyotl va a Azcapotzalco a pedir la libertad de su tío. Maxtla finge liberar a Chimalpopoca e intenta matar a Nezahualcóyotl, quien logra huir. En represalia el tirano ordena asesinar a Chimalpopoca. Éste, desesperado, se ahorca. Nezahualcóyotl vuelve a Tezcoco y más tarde va a Tlatelolco y a Tenochtitlan, donde asiste a la coronación de su tío Izcóatl como cuarto señor de México.

Sueño de Tezozómoc

Varias veces más consiguió Nezahualcóyotl escapar a las emboscadas de los soldados del nuevo rey de Azcapotzalco. En una ocasión Maxtla había enviado a cuatro de los más valerosos capitanes de su ejército a eliminarlo. El príncipe se había refugiado en los palacios de Cillan, al oriente del lago, bajo la protección de su fiel servidor, Coyohua. Hasta allí llegaron a buscarlo los emisarios de Maxtla armados con lanzas y exigieron que Nezahualcóyotl les fuera entregado. Coyohua los condujo a una gran sala.

De pronto apareció Nezahualcóyotl y les ofreció ramilletes de flores. Los capitanes, desconcertados, no supieron qué hacer. Coyohua ordenó entonces que se atizaran los incensarios de copal que ardían en el centro de la sala y aprovechando la penumbra producida, extendió velozmente su manta para ocultar a Nezahualcóyotl, que escapó por un agujero abierto a propósito detrás del trono. Cuando finalmente se disipó el humo los soldados de Maxtla comprobaron con sorpresa que el astuto príncipe otra vez había escapado.

Indignado, Maxtla decretó una persecución sin cuartel. Durante catorce días Nezahualcóyotl huye, ayudado por súbditos fieles y recurriendo a mil astucias. Poco a poco, sin embargo, sus movimientos no son sólo para escapar: ha comenzado a concretar las ayudas y alianzas que van a permitirle recuperar su reino.

Aprovechando el descontento generalizado que los reinados tiránicos de Tezozómoc y Maxtla habían generado entre los pueblos de la altiplanicie, Nezahualcóyotl logró unir a numerosos señoríos en favor de su causa. Pactó una alianza con Izcóatl que pronto se convertiría en la Triple Alianza al unírseles el rey de Tacuba, y al frente de un numeroso ejército atacaron a las huestes de Maxtla, las dispersaron y saquearon la ciudad. Se dice que el propio Nezahualcóyotl acabó con la vida del rey de Azcapotzalco. Tenía 25 años.

Ascenso al trono

CON FLORES NOS ENRIQUECEMOS

*Nos adornamos
con flores y con cantos,
hermosas flores de la primavera.
¡Con flores nos enriquecemos
aquí sobre la tierra!*

No fue sino hasta cuatro años después de su triunfo sobre Maxtla cuando Nezahualcóyotl fue jurado monarca de Tezcoco. Entretanto había vivido en Tenochtitlan, donde dirigió la construcción de varias obras civiles. Durante ese lapso se dedicó a restablecer las fronteras de su señorío y a pacificar sus provincias. A los veintinueve años ascendió al trono y emprendió la reorganización política y administrativa de su reino, arruinado por la administración tepaneca. Para engrandecer las ciudades fomentó una política de construcción de palacios y casas para los señores y nobles que asistían a su corte, cada uno conforme a su calidad y méritos.

*Nezahualcóyotl
es jurado Señor de Tezcoco*

A la ciudad de Tezcoco la dividió en seis municipalidades y a
los habitantes de cada una los agrupó por barrios, organizando a los
vecinos de cada uno de ellos por oficios: los orfebres y plateros
en un barrio, los artífices plumarios en otro, y así los demás.

Estableció un severo código de ochenta leyes divididas en cuatro partes, cada una bajo la responsabilidad de un consejo supremo. Un consejo atendía los pleitos en todos los casos civiles y criminales; ahí se juzgaba y castigaba con gran rigor todo género de delitos. Al traidor al rey, por ejemplo, lo despedazaban, y su casa era saqueada, demolida y sembrado con sal el terreno donde se había levantado, y sus hijos y los de su casa quedaban como esclavos hasta la cuarta generación. Lo mismo se hacía con cualquier príncipe o guerrero que se hubiera rebelado contra su señor, o con aquel que vistiera indebidamente las insignias o divisas del rey, aunque se tratara del príncipe heredero del reino. En este tribunal se trataban también los asuntos que tenían que ver con los esclavos, con los pleitos y disputas por problemas de tierras, propiedades y bienes, y con las diferencias entre las diversas actividades y oficios.

El segundo consejo era el de música y ciencias. En él se juzgaban y castigaban las supersticiones y delitos cometidos por brujos y hechiceros. Sólo se admitía la nigromancia, es decir la adivinación del futuro invocando a los muertos, porque no causaba daño a ninguna persona. El tercer consejo era el consejo de guerra, que dictaminaba sobre los asuntos estrictamente militares. Si un soldado no cumplía con las órdenes de su capitán, o caía en alguna falta, era degollado. Y aquel que robaba o se apropiaba indebidamente de un cautivo o de parte del botín de guerra, era ahorcado. La misma pena sufrían todos los soldados y capitanes de la guardia del rey si cuando éste iba personalmente a la guerra ellos permitían que fuera apresado por sus enemigos, pues su obligación era hacerlo volver, vivo o muerto.

El cuarto y último consejo era el de hacienda; los jueces que lo integraban eran los encargados de la cobranza y distribución de tributos. Se condenaba a muerte a los recaudadores que cobraban más de lo que debían pagar los vasallos y súbditos. Y los jueces no podían recibir ningún soborno o cohecho, ni ser parciales con ninguna de las partes, bajo pena de muerte.

Pese al rigor de esta legislación, que nos puede parecer excesivo, los historiadores antiguos coinciden en que el rey era un hombre "piadoso con los pobres, enfermos, viudas y viejos", y muchas de sus rentas las mandaba gastar en darles de comer y vestir a los necesitados. Siempre se preocupó por el bienestar de su pueblo.

Recaudación de tributos

Poeta y estadista

VENGO AQUÍ: SOY YOYONTZIN

Vengo aquí: soy Yoyontzin.
Quiero cortar las bellas
flores de la amistad.
Sólo por un instante
mi corazón se alegra
aquí sobre la tierra.

He venido a buscar
los cantos más hermosos.
Dichoso canto y bailo,
mi corazón lo goza.
Soy Yoyontzin: disfruto
las más fragantes
flores de la amistad.

Bajo el reinado de Nezahualcóyotl el señorío de Tezcoco se convirtió en un modelo de gobierno, virtudes y cultura para los antiguos pueblos indígenas de la altiplanicie. El rey poeta instituyó lo que llamaron la "universidad", un sitio donde se congregaban los poetas, sacerdotes, astrónomos, jueces, historiadores, filósofos y músicos del reino, cada uno en su respectiva "academia". Creó además el archivo real o "biblioteca" de códices más importante de la antigüedad, donde reunió y mandó copiar ejemplares de todos los libros pintados en Mesoamérica que pudo obtener.

En Tezcoco se hablaba el náhuatl más depurado y sus sabios y artistas tenían fama de ser los mejores de todo el Anáhuac.

El palacio real estaba situado al poniente del lago. Era un inmenso cuadrilátero limitado por anchas murallas. Medía 1031 metros de largo por 817 de ancho, es decir, ocupaba una superficie de 85 hectáreas. Tenía más de 300 aposentos distribuidos en torno a dos patios principales en cada uno de los cuales ardía siempre, día y noche, un brasero ceremonial.

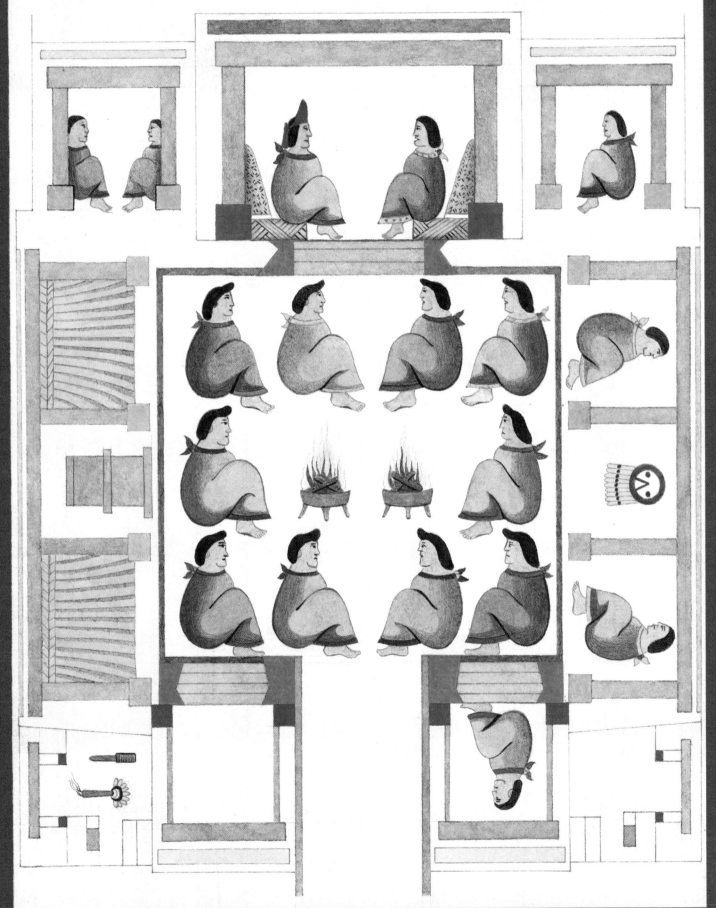

En el interior del palacio había innumerables jardines y huertos, así como una red de galerías y túneles excavados en la roca que el rey utilizaba para ocultarse y salir sin ser visto.

En torno del patio mayor se levantaban los edificios destinados a alojar a los señores de México, Tacuba y otros aliados cuando visitaban Tezcoco, los almacenes de los tributos, el jardín zoológico donde se habían reunido todos los animales conocidos en el mundo indígena, las jaulas de las aves y los estanques para peces, también los huertos y jardines botánicos, con árboles y flores raros.

En el interior del palacio, al fondo del segundo patio, a un costado de la sala del trono, estaba el recinto destinado a los cantos y a la poesía. Ahí el rey, cuyo sobrenombre poético era Yoyontzin, y otros poetas y músicos del reino se reunían a componer y tocar, en torno de un gran *huéhuetl*, los cantos y sentencias en los que expresaban su visión de la vida, declaraban temores y esperanzas y alababan la amistad.

Junto a las murallas del palacio se encontraban los templos principales de Tezcoco y al lado, contiguas a los templos, las escuelas para los niños y jóvenes: el *tlacateo* –la versión tezcocana del *calmécac* azteca– destinado a los nobles, y la escuela para los muchachos comunes de la ciudad. Existía además otra escuela especial para la educación de las hijas del rey, donde les enseñaban a tejer, hilar y cocinar.

Además de estos palacios, casas y jardines Nezahualcóyotl poseía una multitud de parques, bosques y montes para la cacería, huertos, sembradíos, baños tallados en la roca y grutas convertidas en casa de campo. Pero entre todos prefería uno. Había hecho construir en un cerro boscoso cercano a la ciudad, llamado Tezcotzinco, un magnífico lugar de recreo. Erigió una alta muralla para cercarlo, edificó un acueducto para llevar agua hasta el bosque y mandó construir galerías, canales, escalinatas, estanques, piscinas y fuentes. Ahí se retiraba a descansar, meditar o gozar de la compañía de sus numerosas concubinas. Los relatos antiguos que describen el sitio no escatiman palabras para elogiar su belleza. El rey amaba a los pájaros y mandó construir en Tezcotzinco grandes jaulas para albergar a aves provenientes de toda Mesoamérica. También sembró diversas especies de flores, plantas y árboles traídas de muy distintas regiones, algunas de las cuales todavía se conservan.

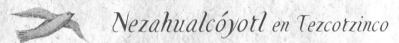

Nezahualcóyotl en Tezcotzinco

NADA MÁS UNA VEZ

Nada más una vez
vivimos en la tierra.
Lo que nos da alegría
sólo perdura aquí.

¿El Lugar del Misterio
será como la tierra?
¿Existe allá la vida?
¿Alguien es conocido?

Allá ya no hay tristezas,
no se recuerda nada.
¿Puede ser nuestra casa?
¿También allá vivimos?

GOCEMOS CON LAS FLORES

Gocemos con las flores
que están en nuestras manos.
Pongámonos collares
de flores aromáticas:
flores de la estación de lluvias
que abren ya sus corolas.
Entre ellas cantan aves,
de plumas como el sol.

Sólo con nuestras flores
logramos alegrarnos,
sólo con nuestros cantos
vencemos la tristeza.
Pétalos perfumados
disipan la amargura.
Los inventa
el Dador de la vida,
los hace descender
Aquel que se inventa a sí mismo.
Capullos placenteros
disipan el pesar.

SOY UN POETA

Soy un poeta, un pájaro
en el cerco del agua floreciente,
soy un poeta en el cerco del agua.
Y estoy de fiesta: mi corazón anda
en la ribera de los hombres
modulando mis cantos
que les brindan placer.

Pero estoy desolado
ay, mi corazón está desolado.
Soy un poeta en las riberas
de las nueve corrientes
del Lugar del Misterio.
¡Que en la tierra florida me amortajen!

Me iré, desapareceré,
me pondrán en un lecho
de plumas amarillas
y las ancianas llorarán por mí.

El llanto mojará mis huesos,
descenderé a la muerte
en la orilla sombría
y cuando sea conducido,
mi ropaje de plumas
allá sobre la tierra se hará humo.

Me iré, desapareceré,
me pondrán en un lecho
de plumas amarillas
y las ancianas llorarán por mí...

EL INVENTOR DE SÍ MISMO

En ningún sitio está la casa
de Aquel que se inventa a sí mismo.
Lo buscamos por todas partes,
por todas partes lo invocamos.
Él es quien inventa las cosas
y se inventa a sí mismo: Dios.

Por todas partes lo buscamos,
anhelamos su gloria y su poder.
Pero ninguno puede jactarse que es su amigo.
Se cansa de nosotros, nos aturde:
sólo por poco tiempo vivimos junto a él.
No es amigo de nadie, lo buscamos
inútilmente mientras vivimos en la tierra.

NO TENEMOS RAÍCES

No tenemos raíces en la tierra
y nada es verdadero.
Sólo Aquel que gobierna el universo,
el Dios que da la vida, es verdadero.
Lo demás es incierto.
Que nuestro corazón no se atormente.
No tenemos raíces en la tierra.

CON FLORES PINTAS LAS COSAS

Con flores pintas las cosas, con cantos
coloreas, Tú, Dador de la vida,
a los que habrán de vivir en la tierra.

Luego los destruirás,
águilas o jaguares,
por fuertes y valientes que hayan sido.
Los borrarás con tinta negra,
los devolverás a la sombra.

Comprendo este secreto,
sabios, guerreros, príncipes:
todos somos mortales.
De cuatro en cuatro, todos
nos iremos muriendo,
todos acabaremos en la tierra.

Como una pintura nos borraremos,
como una flor
nos secaremos en la tierra.

Como el traje de plumas
del quetzal, de la oropéndola,
del azulejo, acabaremos.

Medítenlo, señores:
¡desapareceremos,
ninguno quedará!

El corazón
del arquitecto

ESCUCHO UN CANTO

Por fin lo comprende mi corazón:
escucho un canto, contemplo una flor.
¡Ojalá nunca se marchiten!

Luego de haber pacificado su reino, organizado y reglamentado la vida de su gente y diseñado sus magníficos jardines y palacios, Nezahualcóyotl se encontró con que, pese a estar rodeado de concubinas y disponer de todas las mujeres que quisiera, no conocía a una que pudiera ser su esposa y por lo mismo carecía de sucesor, pues según la tradición el heredero debía ser un hijo legítimo. Tenía ya cuarenta años. ¿Quién iba a heredar su grandeza? Esto lo deprimió. Aún no concluían el palacio real, cuyo estreno se preveía en fecha próxima, pero ni siquiera esta perspectiva lo animaba.

Un día que se paseaba por los bosques a la orilla del lago presa de la tristeza, Cuacuauhtzin, señor de Tepexpan, poeta también y fiel vasallo suyo, lo encontró y, compadecido de su estado, lo invitó a comer a su palacio. Para honrar más a su huésped, Cuacuauhtzin dispuso que su joven prometida, llamada Azcalxochitzin, de la nobleza azteca, con la que pensaba casarse en poco tiempo, lo atendiera. La muchacha era tan hermosa que a Nezahualcóyotl "le quitó todas las melancolías y tristezas que traía consigo y le robó el corazón", como escribió su descendiente, el historiador Fernando de Alva Ixtlixóchitl. Era el año de 1443.

Azcalxochitzin
atiende a Nezahualcóyotl

Pocos días más tarde, Cuacuauhtzin recibió la orden de partir en una expedición guerrera contra el reino de Tlaxcala. Dos capitanes habían recibido instrucciones reales de llevarlo a lo más encarnizado del combate y abandonarlo ahí. Cuacuauhtzin se percató de la maniobra urdida para eliminarlo pero, fiel a su rey, obedeció aquel mandato que implicaba su muerte. Antes de partir, compuso un poema, un canto triste que se volvió célebre.

Este acto reprobable, el único que según sus biógrafos cometió el monarca, lo atormentó toda su vida.

Muerto Cuacuauhtzin, Nezahualcóyotl ideó una complicada estrategia para aproximarse a la muchacha sin despertar sospechas. Mandó traer de un poblado vecino un enorme peñasco para ponerlo en el bosque de Tezcotzinco y dispuso que mucha gente se reuniera para verlo pasar.

Él estaría en su mirador y cuando la joven, avisada por una anciana a la que había puesto de acuerdo, se asomara a ver pasar aquella piedra, él la contemplaría y preguntaría quién era. Entonces le informarían que era la prometida del desdichado Cuacuauhtzin y que estaba desamparada. De este modo el rey podría pedir que la llevaran a su palacio, pues no era bueno que una mujer tan joven y tan bella viviera sola.

Así se hizo y poco tiempo después Nezahualcóyotl anunció su matrimonio con Azcalxochitzin. Los festejos de la boda, a la que asistieron todos los reyes aliados, y el estreno del palacio coincidieron y se alargaron durante cuatro meses. Todavía se recordaban las celebraciones cuando la reina dio a luz al príncipe heredero.

Adversidades, desventuras, conflictos

¿A QUÉ LUGAR IREMOS...?

¿A qué lugar iremos
en donde la muerte no exista?
¿Pero por esto he de vivir llorando?
Que lo entienda tu corazón:
aquí nadie vivirá para siempre.
Porque incluso los príncipes
vinieron a morir.
Que lo entienda tu corazón:
aquí nadie vivirá para siempre.

Durante todos estos años, mientras edificaba sus palacios y contraía matrimonio, Nezahualcóyotl mantuvo sus alianzas militares, principalmente con los mexicas, y participó en numerosas batallas. Entre 1435 y 1445 las fuerzas confederadas de los señores de Tezcoco, México y Tacuba libraron frecuentes guerras de conquista y ampliaron considerablemente sus dominios. En 1440 había muerto Izcóatl y Moctezuma I, tío de Nezahualcóyotl, ocupó el trono de Tenochtitlan. Pese al parentesco y los intereses comunes, pronto hubo enfrentamientos entre ambos monarcas, causados sobre todo por la oposición de Nezahualcóyotl a secundar la sanguinaria mística guerrera del llamado *pueblo del sol*. El tezcocano rechazaba el rito de los sacrificios humanos y más de una vez discutió con Moctezuma y con su poderoso consejero Tlacaélel, en desacuerdo con esas prácticas.

En esa época el señorío de Tezcoco había alcanzado su mayor esplendor. No tardarían, sin embargo, en comenzar las adversidades. En 1445 una plaga de langostas devoró los campos y cosechas, provocando hambre entre la población. Poco después Nezahualcóyotl se vio envuelto en una cruenta guerra contra el señorío de Chalco que se prolongaría más de veinte años.

En 1450 en el valle de México cayó una nevada excepcional que arruinó muchas casas, destruyó bosques y sembradíos y provocó una mortal epidemia de resfriados. En 1451 se agravó la hambruna provocada por una prolongada sequía. En 1454 ocurrió un eclipse total de sol que fue visto como pésimo augurio. Ante lo grave de la situación, los señores de Tezcoco, Tenochtitlan y Tacuba decidieron suspender en sus dominios el pago de tributos durante seis años y repartir las reservas de maíz almacenadas en sus trojes para ayudar a la población.

En Tezcoco la presión de los sacerdotes de la religión oficial se recrudeció.

Los dioses estaban indignados con el rey, decían, porque éste se oponía a los sacrificios de hombres y lo castigaban, como a Quetzalcóatl en Tula. Para aplacarlos eran necesarios sacrificios que permitieran ofrendar corazones al sol. Entristecido, aislado, Nezahualcóyotl, tuvo que ceder, pero incluso entonces insistió en que, si había que sacrificar cautivos, al menos fueran hombres hechos a la idea de morir, es decir, soldados. De este modo se instituyeron las "guerras floridas", concebidas como un medio para procurarse víctimas suficientes.

A pesar de estas diferencias ideológicas con los mexicas y la visión que representaban, invitado por Moctezuma, Nezahualcóyotl había proyectado y dirigía por ese entonces la construcción del acueducto de Chapultepec, que dotaría de agua potable a la capital azteca. Ya en 1449, también a petición del mismo Moctezuma, el señor de Tezcoco había llevado a cabo la construcción de un dique para evitar las inundaciones que sufría Tenochtitlan e impedir, además, que el agua salada del lago México-Tezcoco se mezclara con la dulce. Si no era posible contener la expansión del sanguinario militarismo mexica, al menos las obras de beneficio civil mejorarían la vida de la gente.

Para Nezahualcóyotl las calamidades no cesaron. En 1464 Tetzauhpiltzintli, "el niño prodigioso", su único hijo legítimo y sucesor al trono, fue acusado injustamente de conspirar contra el rey. El código establecido por el propio Nezahualcóyotl castigaba ese delito con la muerte. Pese a la predilección que sentía por su hijo, el monarca no podía hacer nada para salvarlo sin riesgo de quebrantar él mismo la ley.

Desesperado, Nezahualcóyotl se retiró al bosque de Tezcotzinco para no estar presente durante el juicio. En su ausencia el príncipe fue encontrado culpable y ejecutado. Nezahualcóyotl, que amaba a su hijo, lloró amargamente su muerte. El reino de Tezcoco se quedaba sin sucesor.

Hijo del sol y de la luna

¿QUIÉN HA VISTO A DIOS?

Solo en el interior del cielo
está Dios inventando la palabra.
¿Quién lo ha visto en la tierra?
Se aburre aquí, se hastía,
no es amigo de nadie.
Ahora lo comprendo:
el poder y la gloria no son nada.
Como el oro y el jade bajaremos
al lugar de los muertos.

Si bien Nezahualcóyotl había tenido que aceptar la imposición en su reino de la cosmogonía de los aztecas, en su vida personal se apartó del culto a los dioses de la religión oficial y buscó un sentido más profundo y verdadero a la existencia. Decía que era hijo del sol y de la luna y comenzó a pensar que los dioses que se adoraban en los templos eran sólo ídolos de piedra, inertes y sin vida, que no hablaban ni sentían ni tenían el poder de crear nada. No podían ser ellos quienes habían formado la grandeza del cielo, ni el sol, la luna y las estrellas que iluminan la tierra, ni los ríos, fuentes, árboles y plantas que crecen en ella, ni a las gentes que la habitan. Contemplaba el cielo nocturno, maravillado de la inmensidad del universo, y creyó comprender que algún dios muy poderoso, oculto y no conocido, es el creador de todo. Predijo que algún día los habitantes de estas tierras conocerían la verdad de lo que decía y consignó estos pensamientos en poemas en los que da cuenta también de su tristeza por la brevedad de la vida y lamenta su ignorancia y temor ante el misterio de la muerte.

Para venerar a este dios no conocido, al que llamaba, siguiendo la doctrina espiritual de sus antepasados toltecas, *Tloque Nahuaque*, es decir "el dueño del cerca y del junto", "que se inventa a sí mismo e inventa la vida, por quien vivimos todos", Nezahualcóyotl edificó un templo con una elevada torre compuesta de varios cuerpos, que simbolizaban los nueve pisos o regiones del cielo, y decoró el último, en lo más alto, consagrado a la divinidad, con una representación del cielo nocturno cuajado de estrellas, con adornos de oro, gemas y plumas preciosas, sin ninguna otra figura o estatua. Ahí acostumbraba recluirse a orar y meditar durante varias horas en su búsqueda de la verdad.

...volví la vista al cielo y me puse a considerar la hermosura del sol, la luna, las estrellas y de todo lo creado, y me dije que no era posible que toda aquella grandeza hubiera sido hecha por nuestros dioses, y que aquel que lo hizo había sido algún dios muy poderoso que está oculto y no era conocido.

Calamidades y prodigios

NO ACABARÁN MIS FLORES

No acabarán mis flores,
no cesarán mis cantos.
Yo, cantor, los elevo.

Se difunden, se esparcen,
fragantes flores áureas.
Y no obstante se secan.
Se elevarán al corazón de Dios.

La guerra contra el señorío de Chalco se había vuelto cada vez más encarnizada. Hacía veinte años que los ejércitos tezcocanos y mexicas luchaban en vano por someterlos pero los aguerridos chalcas se defendían con fiereza y no daban cuartel. No era nada claro cómo se podría salir con bien de aquella empresa. Envejecido, abrumado por las adversidades, sin heredero y sin esperanzas de que la reina concibiera otro hijo, Nezahualcóyotl se retiró al bosque de Tezcotzinco, como solía hacerlo, en busca de inspiración.

Allí, dicen los relatos, ayunó durante cuarenta días y cuarenta noches, rogando y alabando al invisible Tloque Nahuaque, el desconocido Dios de los toltecas, para que lo iluminara y lo amparara.

Dicen también, que al concluir estos ejercicios, una medianoche en que el rey meditaba en sus aposentos, uno de los guardias oyó que lo llamaban por su nombre. Inquieto salió a ver de qué se trataba y se encontró con un mensajero misterioso, de aspecto radiante, que lo tranquilizó y le dijo que le comunicara al rey que al día siguiente, antes del mediodía, su ejército ganaría la batalla a los chalcas y que la reina tendría un hijo que lo sucedería en el reino. A Nezahualcóyotl la historia le pareció una patraña y mandó castigar al guardia. Pero al día siguiente, en efecto, al mediodía, el ejército tezcocano, al mando de un joven capitán, hijo natural del rey, de apenas dieciocho años que deseaba demostrar su valor, atacó sorpresivamente el campamento del rey chalca, sometiéndolo y provocando la derrota final de los rebeldes.

Poco tiempo después, el 1 de enero de 1465, la reina Azcalxochitzin dio a luz a un niño, que se llamó Nezahualpilli. El señor de Tezcoco podía descansar tranquilo: su hijo lo sucedería en el trono.

Testamento de Nezahualcóyotl

¿REALMENTE VIVIMOS EN LA TIERRA?

Yo, Nezahualcóyotl, lo pregunto:
¿realmente vivimos en la tierra?
No estaremos en ella para siempre,
apenas un instante.

También se rompe el jade,
el oro se destruye,
el plumaje de quetzal se desgarra.

No estaremos para siempre en la tierra,
tan sólo un breve instante.

Cuando sintió que la muerte se acercaba, mandó reunir a todos sus familiares, amigos y cortesanos y les dijo:

"Hijos, parientes y súbditos míos, nadie mejor que ustedes conoce las graves afrentas que el cacique de la provincia de Chalco y su gente nos infligieron durante muchos años, y cómo, a pesar de las numerosas conquistas que hicimos en muchas regiones, no podíamos vencerlos, y cómo aconsejado por los sacerdotes, con gran pesar y disgusto accedí a hacer sacrificios humanos, todo lo cual fue inútil... Ahora puedo morir y el consuelo que me llevo de esta vida es que, gracias al Dios todopoderoso que escuchó mis ruegos, les dejo un rey. Y confío en que habrá de gobernar en paz y quietud, premiando a los que lo merezcan y castigando a los injustos y soberbios".

A su hijo, el príncipe Nezahualpilli, que entonces tenía sólo siete años, le insistió que no olvidara que su nacimiento había sido un milagro concedido por el Dios desconocido, y le pidió que respetara su templo y le hiciera ofrendas como él lo había hecho y que no aceptara que hubiera más sacrificios humanos, porque aquel dios los rechazaba y castigaría con rigor a quienes los hicieran.

Luego, con lágrimas en los ojos se despidió de sus hijos y familiares y les pidió que salieran de allí, y a los porteros les pidió que no dejaran entrar a nadie. A las pocas horas se agravó y murió. Era la mañana de un día no precisado del año 1472. De este modo terminó la vida de Nezahualcóyotl, señor de Acolhuacan, la figura más importante del México antiguo.

Epílogo

COMO PIEDRAS PRECIOSAS

Como piedras preciosas
las flores entreabren sus capullos
en medio de un follaje de esmeraldas.
Flores fragantes, príncipes,
están en nuestras manos:
son nuestro adorno. Sólo
las tenemos prestadas en la tierra.

¡Enlacemos guirnaldas
de flores perfumadas!
Flores fragantes, príncipes,
son nuestro adorno. Sólo
las tenemos prestadas en la tierra.

Nezahualpilli reinó cuarenta y cuatro años y bajo su gobierno el señorío de Tezcoco consolidó su esplendor. Fue también poeta, arquitecto, mago, astrónomo y astrólogo notable. Murió en 1515, cuatro años antes de la llegada de los españoles, dicen que de tristeza porque había previsto el fin de su cultura. Todos los palacios, archivos, escuelas, templos, jardines y parques que Nezahualcóyotl había construido y que Nezahualpilli engrandeció, fueron destruidos durante la Conquista. De los esfuerzos y las obras de estos dos grandes reyes quedan sólo el recuerdo, pocos vestigios arqueológicos y unos cuantos poemas.

El rey Nezahualpilli

Cronología

1402 Nace en Tezcoco, capital del señorío de Acolhuacan.

1408 Ingresa en el tlacateo, la escuela destinada a la nobleza.

1414 Jura como príncipe heredero del señorío de Tezcoco en una solemne ceremonia.

1418 Es asesinado su padre, Ixtlilxóchitl, y tiene que huir. Se refugia en la corte de México.

1419 Se oculta en diversos lugares, huyendo de sus enemigos. Lucha por recuperar su reino.

1420-26 Vive en Tenochtitlan, donde completa su educación y su adiestramiento militar y compone sus primeros poemas.

1427 Muere Tezozómoc en Azcapotzalco y sube al trono Maxtla, quien en repetidas ocasiones intenta asesinarlo. Al frente de un ejército aliado derrota finalmente a Maxtla y entra en Tezcoco como su legítimo rey.

1428 Se crea la Triple Alianza entre los señoríos de Tezcoco, México y Tacuba.

c.1429 Es iniciado como guerrero del sol, junto con su tío Moctezuma, sucesor del señorío mexica.

1430 Dirige la construcción de varias obras civiles en Tenochtitlan, entre otras la formación del bosque de Chapultepec.

1431 Es coronado señor de Tezcoco.

1433-40 Emprende la reconstrucción y reorganización del reino de Tezcoco. Edifica numerosos palacios, templos, jardines, baños y casas de campo. Funda la "universidad", la "biblioteca", los Consejos de Gobierno y los tribunales.

1440 Muere Izcóatl, señor de Tenochtitlan. Moctezuma I sube al trono.

1443-44 Se estrena el palacio real de Tezcoco; celebra su matrimonio con Azcalxochitzin.

1445 Se celebra en el mundo nahua la "atadura de años" y se enciende el fuego nuevo. Nace su hijo primogénito, sucesor del trono. Se inicia la guerra contra el señorío de Chalco, que se prolongará veinte años.

1445-46 Una plaga de langostas azota los campos del reino y provoca el hambre de sus súbditos.

1449 Invitado por Moctezuma, proyecta y lleva a cabo la construcción de un dique para evitar las inundaciones que sufría Tenochtitlan, el cual impide además que el agua salada del lago México-Tezcoco se mezcle con la dulce.

1450 En el valle de México cae una nevada excepcional que arruina muchas casas, destruye bosques y sembradíos y provoca una mortal epidemia de resfriados.

1451 Se agrava la hambruna provocada por una prolongada sequía.

1454 Ocurre un eclipse de sol, visto como augurio terrible. Se instituyen las "guerras floridas". Nezahualcóyotl proyecta y dirige la construcción del acueducto de Chapultepec, que dotará de agua potable a la capital azteca.

1464 Tetzauhpiltzintli, su único hijo legítimo y sucesor al trono, es acusado de traición y ajusticiado.

1465 Logra vencer definitivamente a los chalcas. Nace su segundo hijo legítimo, Nezahualpilli, que heredará el señorío de Acolhuacan.

1466 Concluyen las obras del acueducto de Chapultepec.

1469 Fallece Moctezuma Ilhuicamina.

1472 Cae enfermo por primera vez en su vida y muere en su palacio de Tezcoco.

Pese a la destrucción de códices y monumentos a raíz de la conquista española, la vida de Nezahualcóyotl se conoce porque varios historiadores indígenas decidieron conservar su memoria. El principal fue don Fernando de Alva Ixtlilxóchitl, descendiente directo del monarca, quien con gran dedicación reunió a principios del siglo XVII manuscritos y noticias acerca del pasado prehispánico y escribió una *Historia de la nación chichimeca*, o acolhua, cuya parte central relata la biografía de Nezahualcóyotl. Alva Ixtlilxóchitl también recopiló y tradujo muchos de sus poemas. Otro historiador, Juan Bautista Pomar, descendiente por vía materna de Nezahualpilli, redactó una *Relación de Tezcoco* que da muchos datos útiles sobre la vida de aquel reino y que junto con los escritos de Alva Ixtlilxóchitl son la fuente más segura para conocer la historia del señorío de Acolhuacan. Se conserva asimismo un documento, conocido con el nombre de *Códice Xólotl*, copia posthispánica de un códice escrito en la corte de Tezcoco en el siglo XV, es decir en la época de Nezahualcóyotl o un poco más tarde, que narra gráficamente episodios de la vida del rey y que también resulta de gran valor. En nuestra época los historiadores Ángel María Garibay y Miguel León-Portilla tradujeron al español los poemas del rey poeta y José Luis Martínez publicó una vida de Nezahualcóyotl donde reunió la mayoría de los datos que sobre él se conservan.

Alva Ixtlilxóchitl, Fernando de, *Obras históricas*, t. I, *Relaciones*; t. II, *Historia chichimeca*, Publicadas y anotadas por Alfredo Chavero, México, 1891-92. Reimpresión fotográfica con prólogo de J. Ignacio Dávila Garibi, Méxco, 1965, 2 vols.

Anales de Cuauhtitlan, en *Códice Chimalpopoca*, Traducción directa del náhuatl por Primo Feliciano Velásquez, Imprenta Universitaria, México, 1945.

Clavijero, Francisco Javier, *Historia antigua de México*, Prólogo de Mariano Cuevas, Colección "Sepan cuántos...", Editorial Porrúa, México, 1976.

Cócice Xólotl, Edición de Charles E. Dibble, Instituto de Investigaciones Históricas, Universidad Nacional Autónoma de México, México, 1980.

Durán, Fray Diego, *Historia de las Indias de Nueva España e islas de la tierra firme*, Editorial Porrúa, México, 1967, 2 vols.

Martínez, José Luis, *Nezahualcóyotl, vida y obra*, Fondo de Cultura Económica, México, 1972.

Garibay K., Ángel María, *Poesía indígena de la Altiplanicie*, Biblioteca del Estudiante Universitario 11, Imprenta Universitaria, México, 1961.

Garibay, K., Ángel María, *Historia de la literatura náhuatl*, Editorial Porrúa, México, 1953-54, 2 vols.

Garibay, K., Ángel María, *Poesía náhuatl*, t. I, *Romances de los señores de la Nueva España*, Universidad Nacional Autónoma de México, México, 1964.

Garibay K., Ángel María, *Poesía náhuatl*, t. II, *Cantares mexicanos*, Universidad Nacional Autónoma de México, México, 1965.

Garibay K., Ángel María, *Poesía náhuatl*, t. III, *Cantares mexicanos*, Universidad Nacional Autónoma de México, México, 1968.

León-Portilla, Miguel, *Trece poetas del mundo azteca*, Universidad Nacional Autónoma de México, México, 1967.

Orozco y Berra, Manuel, *Historia antigua y de la conquista de México*, Editorial Porrúa, México, 1960, 4 vols.

Pomar, Juan Bautista, *Relación de Tezcoco, 1582*, en Apéndice I, Ángel María Garibay K., *Poesía náhuatl*, Universidad Nacional Autónoma de México, México, 1964, t. I.

Prescott, William H., *Historia de la conquista de México...*, traducida al castellano por José María González de la Vega, anotada por Lucas Alamán, Prólogo, notas y apéndices por Juan A. Ortega y Medina, Colección "Sepan cuántos...", Editorial Porrúa, México, 1970.

Tezozómoc, Fernando Alvarado, *Crónica mexicana*, Anotada por Manuel Orozco y Berra y precedida del Códice Ramírez, Editorial Porrúa, México, 1975.

Torquemada, Fray Juan de, *Monarquía indiana*, Edición facsímile, Introducción de Miguel León-Portilla, Editorial Porrúa, México, 1969, 3 vols.

Veytia, Mariano y Fernández de Echeverría y, *Historia Antigua de México*, Editorial Leyenda, México, 1944.

Vigil, José María, *Nezahualcóyotl, el rey poeta*, Biblioteca Mínima Mexicana, Ediciones de Andrea, México, 1957.

Versiones de los poemas de Nezahualcóyotl a partir de las traducciones de Ángel María Garibay y Miguel León-Portilla.

El rey poeta *Biografía de Nezahualcóyotl*

se acabó de imprimir en el mes de enero de 2006
en los talleres de Gráficas Monte Albán, S.A. de C.V.,
Fracc. Agro Industrial La Cruz, Villa del Marqués,
Querétaro, Qro. El tiraje fue de 3,000 ejemplares.

Mapa de la cuenca de México
en la época de Nezahualcóyotl,
actualmente Ciudad de México.